American Football

Regeln, Positionen, Spielzüge

Superbowl 2019

NFL,AFC,NFC

Wissenswertes über alle 32 Teams

1 Auflage

Inhaltsverzeichnis

1. Überblick

1.1 Die Grundregeln

1.1.1 Ziel des Spiels

American Football ist eine aus Amerika stammende, stark körperbetonte Sportart und wird – anders wie z.B. beim Fussball – mehrheitlich mit den Händen gespielt. Hauptziel des Spiels ist es, den Ball in die End Zone der gegnerischen Mannschaft zu befördern oder ein *Field Goal* zu erzielen, um letztendlich Punkte zu gewinnen.

Die Angreifer (*Offense*) eines Teams haben immer vier Versuche, mit dem Ball (ähnelt einem geformten Ei) mindestens 10 *Yards* (ca. 9,144m) auf dem Spielfeld zu überbrücken oder diesen sogar in die

Endzone des Gegners zu bringen. Wenn die *Offense* es schafft, den Ball mindestens 10 *Yards* weiter zu tragen, erhält die angreifende Mannschaft weitere vier Versuche. Gelingt es dem Angriff sogar, den Ball bis in die Endzone des Gegners zu befördern, erhält diese Mannschaft Punkte. Nach drei misslungenen Versuchen kommt es oft zu einem *Punt* oder *Field Goal* Versuch, da nach einem misslungenen vierten Versuch das gegnerische Team an der Stelle des vierten Versuchs starten dürfte. Bei einem *Punt* wird der Ball so weit wie möglich in das gegnerische Spielfeld gekickt, dieses kommt nun in Ballbesitz. Ist die *Offence* weit genug in der gegnerischen Hälfte wird ein *Field Goal* versucht. Hierbei wird versucht den Ball durch das Field Goal Gestänge zu treten, gelingt dies erhalten sie 3 Punkte. Lässt der angreifende Spieler das Ei fallen (*Fumble*) oder fängt die verteidigende Mannschaft den Ball (*Interception*), wechseln die Teams ihre Positionen. Die eben noch verteidigende Mannschaft schickt nun ihre *Offense* aufs Feld, die angreifende ihre *Defense*.

Da es in dieser Sportart keine Nachspielzeit gibt, wird die Zeit in folgenden Situationen gestoppt – Ball fliegt/fällt ins Aus, Pass incomplete, Ballträger läuft ins Aus, bei Strafen und bei Verletzungen. Zudem wechseln die beiden Mannschaften jeweils nach dem ersten und dem dritten Viertel die Seiten. Wer nach einer Spielzeit von insgesamt 60 Minuten (4 x 15) die meisten Punkte erzielt, gewinnt die Partie. Kommt es zu einem Gleichstand, wird die Overtime gespielt. Diese besteht aus 10 Minuten und beginnt mit einem *Coin Toss* (Münzwurf). Nun wird grundsätzlich nach dem Prinzip des *Golden Goals* gespielt. Zum Siegen muss jedoch hierbei das angreifende Team einen Touchdown erzielen. Wird nur ein *Field Goal* erzielt, so kommt das andere

Team in Ballbesitz. Ist also der erste *Drive* in der *Overtime* punktlos, so kann das andere Team per *Field Goal* gewinnen.

1.1.2 Die Punktevergabe

Bei der Punktevergabe ist die Art und Weise entscheidend, wie der Ball in die Endzone gelangt.
Die meisten Punkte erhält ein Team für einen *Touchdown.* Kann die *Offense* den Ball in die Endzone des gegnerischen Teams tragen oder fängt ein Spieler den Ball in diesem Bereich, erhält die Mannschaft sechs Punkte. Nach einem *Touchdown* hat das punktende Team zusätzlich die Chance auf einen weiteren Punkt (Point *after Touchdown* – PAT). Hierfür muss lediglich ein Schütze den Ball aus einer Entfernung von ca. 15 *Yards* mit dem Fuß durch die Torstangen in der Endzone des Gegners (*Goalpost*) schießen.

Eine weitere Option neben dem PAT ist die *Two-Point-Conversion.* Nach einem erfolgreichen *Touchdown* darf die *Offense* einen weiteren Angriff starten, diesmal aber von der 2-*Yard*-Linie. Gelingt es ihnen, den Ball erneut in die Endzone des Gegners zu tragen, werden ihnen weitere zwei Punkte gutgeschrieben. Fängt das gegnerische Team den Ball bei diesem Angriff ab und gelangen selbst bis in die Endzone des Gegners, bekommen sie zwei Punkte.

Erzielt eine Mannschaft ein *Field Goal*, erhält sic drei Punkte. Hierfür muss der Ball – egal aus welcher Position – zwischen die Torstangen gekickt werden.

Sogar die *Defense* hat die Chance, zwei Punkte zu gewinnen (*Safety*). Dafür müssen sie den Angriff des Gegners so weit zurückdrängen, dass der ballführende Spieler den Ball in seiner eigenen Endzone verliert. Dieser kann auch in die Endzone getackelt werden.

1.2 Die Spieler-Positionen

Beim American Football stehen jeweils gleichzeitig elf Spieler einer *Offense* und einer *Defense* auf dem Spielfeld. Wie in anderen Sportarten auch, hat jede Position unterschiedliche Aufgaben, die während des Spiels erfüllt werden müssen. Den Trainern der Teams ist es erlaubt, die Spieler vor jedem Spielzug nach Belieben zu wechseln. Somit wird gewährleistet, dass immer die stärksten *Offense*- bzw. *Defense*-Reihen auf dem Platz stehen.

Eine *Offense* besteht aus folgenden Spielern:

Der *Quarterback* ist der wohl wichtigste Spieler einer Mannschaft und nimmt die Rolle des Spielmachers ein. Er muss die vom Coach geplanten Spielzüge umsetzen oder an das Verhalten der gegnerischen Defense anpassen. Deshalb benötigt der QB ein hohes Spielverständnis und besitzt meist langjährige Erfahrung.

Der *Wide Receiver* ist im Normalfall der schnellste Spieler eines Teams. Seine Aufgabe ist es, den Ball des QB zu fangen und in die Endzone des Gegners zu rennen. Im besten Fall erzielt er hierbei einen *Touchdown*.

Der *Running Back* ist quasi der Ballträger einer *Offense*. Er erhält vom QB den Ball und muss daraufhin versuchen, sich durch die Verteidigung des Gegners zu drängen, um möglichst in die Endzone zu gelangen. Beim RB wird zudem zwischen dem *Fullback* und dem *Halfback* unterschieden. Je nach Spielzug wird entschieden, ob eher ein schneller und wendiger *Halfback* oder ein schwerer und körperlich starker

Fullback die bessere Wahl ist, um Raum zu gewinnen.

Die *Offensive Linemen* beschützen zum einen den *Quarterback* vor den Verteidigern des gegnerischen Teams, zum anderen haben sie die Aufgabe, Laufwege für den Ballträger freizuräumen. Zu diesen Spielern gehört ein *Center*, welcher auch den *Snap* zur Eröffnung des Spielzugs macht– er steht im Zentrum der Angriffslinie -, zwei *Guards* sowie zwei *Tackles*.

In der *Defense* sind folgende Spieler zu finden:

So wie es im American Football eine Angriffslinie gibt, besitzt jedes Team auch eine Verteidigungslinie (*Defensive*

Linesmen). Man unterscheidet hierbei noch zwischen den *Defensive Tackles* – sie stehen in der inneren Verteidigungslinie – und den *Defensive Ends* – diese sind die äußeren Spieler der Verteidigungslinie. Die Aufgaben sind allerdings die gleichen: Den *Quarterback* des Gegners umwerfen und den Laufweg des gegnerischen *Runningbacks* versperren.

Die *Linebacker* befinden sich in der zweiten Verteidigungslinie und sollen ebenfalls das Laufspiel des *Runningbacks* stoppen. Gelegentlich stürzen auch die *Linebacker* den *Quarterback* des Gegners – wenn sich die Gelegenheit ergibt.

Die letzten beiden Spielerpositionen nennt man *Safeties* und *Cornerbacks* (zusammen *Defensive Backs*). Das oberste Ziel der *Cornerbacks* ist die Unterbindung des gegnerischen Passspiels. Sie sind die äußeren Verteidiger und spielen direkt gegen die *Wide Receiver*. Die *Safeties* hingegen werden noch einmal unterteilt in *Strong Safety* und *Free Safety*. Während der *Strong Safety* meist gegenüber dem *Fullback* steht und das gegnerische Laufspiel zerstören soll, ist der *Free Safety* dafür zuständig, die Pässe des gegnerischen QB abzufangen. Um die Spielzüge des Gegners zu erahnen, benötigt der *Free Safety* ein hohes Spielverständnis.

1.1.3 Das Spielfeld

Das Spielfeld beim American Football ist insgesamt 120 *Yards* lang und 53 *Yards* breit (109,73m x 48,46m). Dabei ist das Feld in insgesamt 12 Zonen unterteilt, die jeweils 10 *Yards* breit sind. Zehn dieser Zonen befinden sich im Zentrum des Spielfeldes, in denen sich die Partie auch ein Großteil der Zeit abspielt. Komplettiert werden die Zonen von den beiden jeweiligen Endzonen, die von den Defensiv-Reihen der Teams verteidigt werden müssen.

An den Enden des Spielfeldes befinden sich zudem die *Goalposts*, die einer überdimensional großen Stimmgabel ähneln. Hierbei wird eine Querstange ca. 3m in der Luft von zwei senkrechten Stangen gehoben, die etwa 9m in die Höhe ragen. Schießt die *Offense* den Ball

zwischen die Torstangen hindurch, erhält das Team – je nach Spielsituation – einen oder mehrere Punkte.
Zudem befinden sich am Seitenrand des Feldes die Seitenlinien. Wichtig hierbei ist, dass die Spieler die Linie nicht berühren dürfen, da der Ball sonst verloren ist.
Direkt an den Seitenlinien – ca. in Höhe der 35 *Yards* Linien – halten sich sowohl die restlichen Spieler auf den Mannschaftsbänken auf als auch das Trainerteam bzw. der Trainerstab. Die Teamzonen während eines Spielzuges zu verlassen, ist allerdings strikt verboten.

1.3 Spielzüge

Um im American Football Punkte zu erzielen, ist es wichtig, kluge und effektive Spielzüge auszuführen. Eine Abfolge von Spielzügen wird hierbei *Play* genannt. Gelingen einem Team mehrere *Plays* ohne den Ball zu verlieren, spricht man von einem sog. *Drive*.
Um den Ball letztendlich in die Endzone des Gegners zu bringen, haben die Angriffsreihen jeweils die Wahl zwischen einem Pass-, Lauf-, oder Kickspielzug.

Bei einem Passspielzug wirft meist der *Quarterback* den Ball einem Spieler seiner *Offense* zu, der im Idealfall einen bestimmten Laufweg Richtung Endzone des Gegners nimmt. Wichtige Regel hierbei: der Zielspieler muss fangberechtigt sein, d.h. er darf weder an der *Line of Scrimmage* (Mittelpunkt zwischen *Offense* und *Defense*, an dem der Ball bei Ausrichtung der Teams liegt) stehen noch diese an der äußersten Position besetzten. Damit ein Vorwärtspass gültig ist, muss zudem der Werfer selbst immer hinter der LoS stehen. Wurde ein korrekter Pass ausgeführt, gibt es nun drei Optionen:

1. Der Zielspieler fängt den Ball und läuft so weit wie möglich in die gegnerische Hälfte (*Catch*).
2. Die Verteidigung fängt den Ball und übernimmt das Angriffsrecht.
3. Der Pass berührt entweder den Boden oder ist *out of bounds* (der fangende Spieler steht mit keinem Fuß im Spielfeld). In diesem Fall spricht man davon, dass der Pass *incomplete* ist. Ebenfalls ist er incomplete, wenn der Pass ins Aus fliegt. Im Anschluss wird der nächste Versuch erneut auf der alten Spielposition gestartet.

Außerdem sind bei einem Passspielzug zwei weitere Regeln zu beachten. Zum einen ist es nicht erlaubt, dass die *Offensive Linesmen* vor dem Pass über die LoS gehen, zum anderen darf die angreifende Mannschaft pro Spielzug nur einen Vorwärtspass ausführen. Ausnahme ist hier allerdings der Lateralpass, der entweder seitlich oder nach hinten geworfen wird und beliebig oft gespielt werden darf.

Neben einem Passspielzug ist ein Laufspielzug (auch *Run* oder *Rush* genannt) eine weitere Möglichkeit, einen Raumgewinn zu erzeugen. Hierbei wird der Ball per Übergabe oder Zuwerfen üblicherweise einem *Runningback* anvertraut, der anschließend versucht, das Ei so weit wie möglich in Richtung der Endzone des Gegners zu tragen. Bei den

Laufspielzügen unterscheidet man zwischen vielen unterschiedlichen Varianten:

1. Bei einem *Dive* läuft der Ballträger durch das Zentrum der Formation.

2. Anders als beim *Dive* rennt der *Runningback* bei einem *Off Tackle* nicht gerade durch die *Offensive Line*, sondern versucht außerhalb am *Tackle* vorbeizulaufen.

3. Eine weitere Möglichkeit ist der Lauf weit außen an der Formation vorbei. Oft wird dabei dem Ballträger das Ei erst per Pass zugeworfen. Bei dieser Variante spricht man von einem *Pitch* oder *Toss*.

4. Bei einem *Quarterback Rush* versucht der QB aufgrund fehlender Anspielstationen selbst Meter zu machen und Raum zu gewinnen. In der Praxis wird dieser Spielzug aber eher selten angewendet.

Führt eine Mannschaft einen Kickspielzug aus, so spricht man von einem *Scrimmage Kick*. Dieser wird allerdings nur gelegentlich nach dem dritten Angriffsversuch einer *Offense* angewendet, wenn das Team davon ausgeht, auch mit ihrem letzten Versuch zu wenig Raumgewinn zu erzielen. Anstatt einen Lauf- oder Passspielzug auszuführen, wird hier der Ball durch einen Angreifer so weit wie möglich nach vorne geschossen. Der Sinn dahinter liegt darin, dem gegnerischen Team anschließend eine möglichst schlechte Angriffsposition zu verschaffen. Nach diesem Tritt (*Punt*) wechselt das Angriffsrecht. Fängt allerdings die *Defense* den Ball ab, so darf dieser im Gegenzug so weit möglich in Richtung Endzone des Gegners getragen werden.

2. Superbowl

2.1 Faszination Superbowl

Das Endspiel in der US-amerikanischen Football Profiliga NFL (National Football League) ist der sog. *Super Bowl*. Es findet immer am ersten Sonntag im Februar statt. Dieses Finale ist aber nicht nur das entscheidende Spiel zweier Mannschaften um die *Vince Lombardy Trophy*, sondern auch ein weltweites mediales Großereignis. Der *Super Bowl* lockt in den USA im Durchschnitt ca. 90 Millionen Zuschauer vor die TV-Geräte und sorgt damit häufig für die höchsten Einschaltquoten im Jahr. Neben dem sportlichen Teil wird dem Zuschauer auch regelmäßig eine spektakuläre

Halbzeitshow von prominenten Stars wie Lady Gaga, Justin Timberlake und vielen anderen geboten. In den USA wird dieser besondere Tag *Super Bowl Sunday* genannt und hat dort von vielen Fans den Status eines nationalen Feiertages.

Erstmalig wurde der *Super Bowl* 1967 ausgetragen, damals noch unter dem Namen *AFL-NFL World Championship Game*. Bis 1970 traten hierbei die jeweiligen Gewinner der *NFL* (National Football League) und der *AFL* (American Football League) gegeneinander an, um den Meister im American Football zu küren. Nachdem sich die beiden Ligen aber in jenem Jahr zur NFL fusionierten, fand das Endspiel nun mehr zwischen den Siegern der AFC und der NFC statt. Den Namen *Super Bowl* erhielt das Finale von Lamar Hunt, dem Eigentümer der *Kansas*

City Chiefs und wurde erstmalig im Jahr 1969 offiziell übernommen.

Rekordsieger der begehrten Trophäe sind die *Pittsburgh Steelers*, die bisher sechs Mal den *Super Bowl* für sich entscheiden konnten. Jeweils auf fünf Siege kommen die *New England Patriots*, die *San Francisco 49ers* und die *Dallas Cowboys*. Die *New England Patriots* sind mit zehn *Super Bowl*-Teilnahmen auch das Team, das am häufigsten im Finale der NFL stand. Im diesjährigen Endspiel konnten sich die *Philadelphia Eagles* mit einem 41:33 Sieg über die *New England Patriots* ihren ersten *Super Bowl*-Titel sichern.
Allerdings gibt es mit den *Cleveland Browns*, den *Detroit Lions*, den *Houston Texans* und den *Jacksonville Jaguars* auch vier Teams, die noch kein einziges Mal am *Super Bowl* teilnehmen konnten. Ein weiterer kurioser Fakt: Bislang schaffte es

noch keine Mannschaft, sich für ein Endspiel im eigenen Stadion zu qualifizieren.
Bei den Spielern konnten sowohl Charles Haley (3x *Dallas Cowboys*, 2x *San Francisco 49ers*) als auch Tom Brady (5x *New England Patriots*) bereits fünf Mal den *Super Bowl* gewinnen. Der *Quarterback* der *Patriots* spielt allerdings immer noch aktiv und könnte bei einem weiteren Titel zum alleinigen Rekordhalter aufsteigen. Zahlreiche weitere Bestmarken wie die meisten *Super Bowl*-MVP-Trophäen, die meisten *Super Bowl*-Teilnahmen, die meisten *Touchdown*-Pässe und viele weitere hat die Legende bereits aufgestellt.

2.2 Superbowl 2019

Im Jahr 2019 findet der *Superbowl LIII* am 3.Februar im Mercedes Benz Stadium in Atlanta statt. Somit haben die *Atlanta Falcons* in der bereits 53. Auflage des Großevents die Chance, als erstes Team überhaupt ein Finale im Heimstadion zu bestreiten.

Die Arena wurde dabei erst vor einem Jahr fertiggestellt und gilt als modernste Spielstätte der NFL. Insgesamt bietet das neu gebaute Stadion Platz für 75.000 Menschen und ist somit ein mehr als würdiger Austragungsort des Football-Spektakels. Traditionell wird es wie jedes Jahr auch wieder eine furiose Halbzeit-Show geben, bei dem der Zuschauer auf seine Kosten kommt. Favoriten auf einen Auftritt in Atlanta sind hierbei Maroon 5 zusammen mit der Rapperin Cardi B.

3. Teams

Um es überhaupt zum *Super Bowl* zu schaffen, müssen die Teams einen langen und schwierigen Weg über die *Regular Season* mit anschließenden Play-offs nehmen. Insgesamt 32 Teams kämpfen an 16 Spieltagen um wichtige Punkte, die letztendlich zu einer Play-off-Platzierung führen sollen.

Die NFL besteht dabei aus zwei *Conferences* (*National Football Conference*, *American Football Conference*), die jeweils in weitere vier *Divisions* (*North*, *South*, *East*, *West*) unterteilt werden. Da jeder *Division* vier Mannschaften zugeordnet sind, setzt sich eine *Conference* aus 16 Teams zusammen.

Pro *Conference* erreichen die sechs besten Teams die Play-offs, darunter die jeweiligen Gewinner der *Divisions* sowie zwei weitere Mannschaften mit den besten Bilanzen (Wildcard-Teams). Anschließend werden im K.o.-Modus die Partien ausgetragen, bis sich schließlich im Februar die beiden besten Teams der AFC und NFC im *Super Bowl* gegenüberstehen.

3.1 American Football Conference

3.1.1 AFC East

Buffalo Bills
Gegründet: 1959
Teamfarben: Königsblau, Navy Blau, Rot, Weiß
Heimstätte: New Era Field (71.608 Zuschauer)
Starspieler: Star Lotulelei (*Defensive Tackle*)

Das Team der *Buffalo Bills* wurde im Jahr 1959 gegründet und gehörte damit ein Jahr später zu den Gründungsmitgliedern der AFL. In der Anfangszeit waren sie mit zwei NFL-Titeln in den Jahren 1964 und 1965 auch sehr erfolgreich. Danach sollte es aber trotz mehrerer Titel-Chancen nicht

mehr zum großen Triumph reichen. Obwohl die *Bills* zwischen 1990 und 1993 den *Super Bowl* viermal in Folge erreichen konnten, reichte es am Ende nie für einen Sieg. Die Gegenwart sieht noch düsterer aus: Seit 1999 belegte die Mannschaft aus Buffalo in der regulären Saison lediglich einmal einen Play-off-Platz. Da man vor der Saison zudem wichtige Spieler in der *Offense* verlor, könnte es für die *Bills* ein verlorenes Jahr werden.
Division-Prognose: Platz 4

Miami Dolphins
Gegründet: 1965
Teamfarben: Aqua, Weiß
Heimstätte: Hard Rock Stadium (65.326 Zuschauer)
Starspieler: Ryan Tannehill (*Quarterback*)

Die *Miami Dolphins* gehörten in den 70er Jahren zu den erfolgreichsten Teams in der

NFL und feierten 1972 sowie 1973 die einzigen *Super Bowl*-Siege in ihrer Geschichte. Legendär bis heute ist auch das längste Spiel in der NFL-Historie, welches das Team 1971 mit einer Gesamtdauer von 82 Minuten und 40 Sekunden gegen die *Kansas City Chiefs* bestritt. Die *Dolphins* gewannen die Partie zwar und zogen ins Endspiel um den Titel ein, verloren dort aber gegen die *Dallas Cowboys*.

Bis heute konnte die Mannschaft aus Miami nicht mehr im Ansatz an die früheren Erfolge anknüpfen. In den letzten zehn Jahren konnte man sich nur zwei Mal für die Play-offs qualifizieren und auch in dieser Saison wird es für die Mannschaft von Adam Gase wohl nicht reichen. Einziger Hoffnungsträger ist Ryan Tanehill, der nach langer Verletzungspause zurückgekehrt ist und sein Team wieder in die Erfolgsspur bringen soll.

Division-Prognose: Platz 2

New England Patriots

Gegründet: 1959

Teamfarben: Navy Blau, Rot, Silber, Weiß

Heimstätte: Gillette Stadium (65.878)

Starspieler: Tom Brady (*Quarterback*)

Vor ihrem Standortwechsel nach Foxborough im Jahr 1971 liefen die *Pats* zehn Jahre lang unter dem Namen *Boston Patriots* auf. Ein Jahr zuvor wechselte das Team in die NFL, die sich damals aus der AFL und der NFL zusammengeschlossen hatte. Die größten Erfolge des Clubs stellten sich aber erst Anfang der 2000er Jahre ein, als man mit Bill Belichik einen neuen Coach holte, der noch heute an der Seitenlinie der Mannschaft steht. Das Team gewann in kürzester Zeit (2001,

2003, 2004) dreimal den *Super Bowl* und war die dominante Kraft in der NFL. Nach zwei Final-Niederlagen in den Jahren 2007 und 2011 konnten die *Pats* den Titel dann sowohl 2014 als auch 2016 erneut gewinnen und schwangen sich damit zu einem der erfolgreichsten Mannschaften in der NFL-Geschichte auf. Nach der Niederlage im Endspiel der letzten Saison gilt das Team um den 41-Jährigen Superstar Tom Brady erneut als einer der Favoriten für den *Super Bowl* im Februar.
Division-Prognose: Platz 1

New York Jets
Gegründet: 1959
Teamfarben: Grün, Weiß
Heimstätte: MetLife Stadium (82.500)
Starspieler: Sam Darnold (*Quarterback*)

Auch die *Jets* gehörten zu den Gründungsmitgliedern der AFL und liefen zu Beginn noch unter dem Namen *Titans of New York* auf. Während das Team in den ersten Jahren noch relativ erfolgreich war und 1969 sogar überraschenderweise den *Super Bowl III* gewann, versank der Verein anschließend im grauen Mittelmaß. Zwar konnte man hin und wieder die Playoffs erreichen, doch zu einem Einzug ins Endspiel reichte es nicht mehr. Aktuell warten die *Jets* sogar seit 2010 auf einen erneuten Durchmarsch in die K.o.-Runde. Da der erste Platz der *Division* aber vermutlich von den *New England Patriots* belegt wird, müssen sich die Fans der Grün-Weißen wohl noch mindestens ein weiteres Jahr mit der *Regular Season* begnügen müssen.

Division-Prognose: Platz 3

Baltimore Ravens
Gegründet: 1996
Teamfarben: Schwarz, Lila, Metallic Gold
Heimstätte: M&T Bank Stadium (71.008 Zuschauer)
Starspieler: Terrell Suggs (*Linebacker*)

Vor dem Standortwechsel nach Baltimore im Jahr 1996 spielte das Team in Cleveland unter dem Namen *Cleveland Browns*. Im Februar 1996 durften die heutigen *Ravens* allerdings ihren Franchise-Namen ändern und hießen zu Beginn noch *Baltimore Colts*. Aber auch diese Bezeichnung wurde schnell fallen gelassen und letztendlich in *Baltimore Ravens* – in Anlehnung des Werkes *The Raven* vom früheren Schriftsteller Edgar Allan Poe, der in Baltimore verstorben war

– umgeändert. Nach einer weiteren Umfrage bzgl. der Namensgebung bei den Fans blieb es am Ende bei den *Baltimore Ravens*. Trotz der wenigen Jahre in der NFL konnte das Team bereits zwei *Super Bowl*-Siege einfahren (2000, 2012), auch wenn der Erfolg zuletzt ausblieb. Die letzte Play-off-Teilnahme der Mannschaft datiert bereits von 2014. Da die Mannschaft allerdings eine der besten Defensiven der Liga besitzt, könnte es in dieser Saison – vermutlich als Wildcard-Team - endlich wieder in die K.o.-Runde gehen.

Division-Prognose: Platz 2

Cincinnati Bengals

Gegründet: 1967

Teamfarben: Schwarz, Orange, Weiß

Heimstätte: Paul Brown Stadium (65.515 Zuschauer)

Starspieler: A.J. Green (*Wide Receiver*)

Die *Bengals* standen in ihrer Franchise-Historie zwar schon zweimal im *Super Bowl* (1981,1988), gewinnen konnten sie den Titel aber noch nie. Sowohl beim *Super Bowl XVI* als auch beim *Super Bowl XXIII* zogen sie gegen die *San Francisco 49ers* den Kürzeren. Trotzdem waren die Endspiel-Teilnahmen große Erfolge, die sie bis heute nicht mehr erreichen sollten. Zwar kamen sie von 2011-2015 fünfmal in Folge die Play-offs, doch dort verloren sie jedes Mal ihre Auftaktpartie, womit sie in der NFL einen Negativ-Rekord einstellten. Seitdem kam die Mannschaft nicht mehr über die reguläre Saison hinaus und auch dieses Jahr dürfte es nicht für die K.o.-Runde reichen. Zwar wurden kaum Leistungsträger abgegeben, doch vor allem die wichtige *Quarterback*-Position bereitet den *Bengals* momenten große Sorgen.

Division-Prognose: Platz 3

Cleveland Browns
Gegründet: 1944
Teamfarben: Braun, Orange, Weiß
Heimstätte: FirstEnergy Stadium (67.407)
Starspieler: Jarvis Landry (*Wide Receiver*)

Bis zum Standortwechsel nach Baltimore 1996 und der Namensänderung zu den *Baltimore Ravens* lief das Team seit der Gründung 1944 unter dem Namen *Cleveland Browns* auf. Da die Stadt Cleveland allerdings die Namensrechte behielt, war es möglich, bereits drei Jahre später ein neues Team mit dem alten Namen in den Spielbetrieb aufzunehmen. Bisher aber ohne Erfolg: Die *Cleveland Browns* sind aktuell eine von vier Mannschaften, die es noch nie zum *Super Bowl* geschafft hat. Auch die letzte Play-off-Teilnahme liegt bereits ganze 16 Jahre zurück. 2017 folgte dann ein weiterer

Tiefpunkt der Mannschaft, als sie während der gesamten Saison kein einziges Spiel für sich entscheiden konnten. Damit stellten sie zusammen mit den *Detroit Lions*, die 2008 ebenfalls alle Partien verloren hatten, einen Negativ-Rekord ein. Um das Katastrophen-Jahr vergessen zu machen, wurde der Kader an vielen Stellen erneuert. Trotzdem wird die Qualität – auch weil viele talentierte Spieler noch auf den Durchbruch warten – höchstens für ein paar Siege in der *Regular Season* reichen.
Division-Prognose: Platz 4

Pittsburgh Steelers
Gegründet: 1933
Teamfarben: Schwarz, Gold
Heimstätte: Heinz Field (68.400 Zuschauer)
Starspieler: Antonio Brown (*Wide Receiver*)

Die *Steelers* wurden bereits 1933 gegründet (damals noch als *Pittsburgh Pirates*) und gehören damit zu den sieben am längsten existierenden Mannschaften der NFL. Durch den Endspielerfolg 2009 beim *Super Bowl XLIII* gegen die *Arizona Cardinals* kürte sich das Team zudem mit insgesamt sechs *Super Bowl*-Siegen zur erfolgreichsten Franchise der NFL-Geschichte. Zwei Jahre später erreichten sie sogar erneut das Finale und hätten den Rekord bereits ausbauen können, doch dieses Mal scheiterten sie an *Green Bay Packers*. Seitdem schafften es die *Steelers* zwar noch regelmäßig in die Play-offs, doch ihrer Favoritenrolle wurden sie nicht mehr gerecht. So schieden sie beispielsweise in der letzten Spielzeit überraschenderweise zuhause gegen die *Jacksonville Jaguars* aus, obwohl diese klar schwächer eingeschätzt wurden. Trotzdem gelten die *Steelers* aufgrund ihrer starker Offensive um die Superstars Antonio Brown, Ben Roethlisberger sowie Le'Veon Bell als klarer Favorit in der *ACF North Division.*

Division-Prognose: Platz 1

3.1.3 AFC South

Houston Texans
Gegründet: 1999
Teamfarben: Blau, Rot, Weiß
Heimstätte: NRG Stadium (71.500 Zuschauer)
Starspieler: Deshaun Watson (*Quarterback*)

Da die NFL sich 1997 dazu entschieden hatte, die Liga auf 32 Mannschaften aufzustocken, wurden die Rechte für ein neues NFL-Team an den Milliardär Bob McNair verkauft, der in Houston schließlich die Franchise gründete. Drei Jahre später durften die *Texans* erstmals an der Profiliga teilnehmen, doch der Erfolg blieb erwartungsgemäß aus. Während sie als eine von vier Mannschaften noch nie am *Super Bowl* teilnehmen konnten,

erreichten sie immerhin schon viermal die Play-offs. In der letzten Saison belegten sie allerdings den letzten Platz der *Division* und waren weit davon entfernt, in die K.o.-Runde einzuziehen. Eine starke Defensive sowie *Quarterback* Deshaun Watson machen den Fans aber Hoffnung auf eine bessere Spielzeit.
Division-Prognose: Platz 2

Indianapolis Colts
Gegründet: 1953
Teamfarben: Blau, Weiß
Heimstätte: Lucas Oil Stadium (62.421 Zuschauer)
Starspieler: Andrew Luck (*Quarterback*)

Bevor der Eigentümer Robert Irsay – er übernahm die *Colts* 1972 – die Mannschaft im Jahr 1984 nach Indianapolis versetzt hatte, spielte die Franchise noch als *Baltimore Colts* in Baltimore. Insgesamt konnten sie in ihrer NFL-Historie zweimal den *Super Bowl* gewinnen (1970, 2006) und mussten lediglich im Endspiel 2009 eine Niederlage einstecken. Die letzte Play-off-Teilnahme der *Colts* liegt bereits vier Jahre zurück und auch in dieser Saison scheint der Einzug in die K.o.-Runde eine unmögliche Aufgabe zu sein. Im Team tummeln sich zwar einige vielversprechende Talente sowie der starke *Quarterback* Andrewq Luck, doch die Konkurrenz aus der *Division* scheint zu stark für die *Colts*.

Division-Prognose: Platz 4

Jacksonville Jaguars

Gegründet: 1993

Teamfarben: Schwarz, Türkis, Gold, Weiß

Heimstätte: TIAA Bank Field (66.851 Zuschauer)

Starspieler: Jalen Ramsey (*Cornerback*)

Als die NFL 1991 eine Liga-Aufstockung verkündete und sich die *Jaguars* daraufhin erfolgreich als neue Franchise bewarben, durfte das Team erstmals 1995 in der amerikanischen Profiliga antreten. In den darauf folgenden Spielzeiten erreichten die Mannschaft zwar regelmäßig die Play-offs, doch für eine Endspiel-Teilnahme sollte es nicht reichen. So gehören sie auch heute noch zu den vier einzigen Teams, die noch nie an einem *Super Bowl* teilnahmen. Möglicherweise könnte sich diese Tatsache aber in dieser Saison ändern: Bereits im letzten Jahr konnte man sich aufgrund einer überragenden Defensive überraschenderweise bis ins *AFC Championship Game* durchschlagen und scheiterte dort nur knapp an den *New England Patriots*. Da die *Defense* aber zum größten Teil zusammengeblieben ist und zu den besten der gesamten Liga

gehört, wäre eine erstmalige *Super Bowl*-Teilnahme im Bereich des möglichen.
Division-Prognose: Platz 1

Tennessee Titans
Gegründet: 1959
Teamfarben: Navy Blau, Titanblau, Rot, Silber
Heimstätte: Nissan Stadium (69.143 Zuschauer)
Starspieler: Taylor Lewan (*Offensive Tackle*)

Ihren heutigen Namen erhielten die *Tennessee Titans* erst nach dem Wechsel in das Nissan Stadium nach Nashville im Jahr 1998. Zuvor liefen sie bereits als *Houston Oilers* (1960-1996) und *Tennessee Oilers* auf (1996-1998). Großartige Erfolge konnte die Franchise seit der Einführung des *Super Bowls* nicht feiern, denn sie erreichten lediglich im

Jahr 2000 das Endspiel, welches sie allerdings nicht für sich entscheiden konnten. In der letzten Saison qualifizierten sich die *Titans* seit zehn Jahren wieder für die Play-offs und gewannen sogar ihr erstes Spiel – es war ihr erster Sieg in der K.o.-Runde seit 2003. In der nächsten Runde war allerdings gegen die *Patriots* Endstation. Aufgrund der starken Konkurrenz in ihrer *Division* wird eine erneute Play-off-Teilnahme ein schwieriges Unterfangen werden. Dazu kommt, dass die Franchise vor der Saison einen neuen Coach verpflichtete, an dessen Spielvorstellung sich die Mannschaft erst gewöhnen muss.

Division-Prognose: Platz 3

3.1.4 AFC West

Denver Broncos
Gegründet: 1959
Teamfarben: Blau, Orange, Weiß
Heimstätte: Broncos Stadium at Mile High (76.125 Zuschauer)
Starspieler: Case Keenum (*Quarterback*)

Die *Denver Broncos* gehörten 1960 zu den Gründungsmitgliedern der AFL, spielten dort aber in den Anfangsjahren keine bedeutende Rolle. Erst als sich die AFL mit der NFL zusammenschloss konnten die *Broncos* bessere Leistungen abrufen und schafften 1977 sogar den Einzug in den *Super Bowl*, in dem sie aber eine Niederlage kassierten. Insgesamt konnte das Team aus Denver den *Super Bowl* schon dreimal gewinnen, zuletzt 2015 gegen die *Carolina Panthers*. Die

Spielzeiten danach waren für alle Fans der Mannschaft allerdings nicht zufriedenstellend: Kein einziges Mal erreichte man die Play-offs, 2017 wurde die Mannschaft sogar letzter in der *Division*. Dank einiger Neuzugänge in der Offensive und einer passablen Defensive werden die *Broncos* in diesem Jahr aber wieder oben angreifen wollen.
Division-Prognose: Platz 3

Kansas City Chiefs
Gegründet: 1959
Teamfarben: Rot, Gold, Weiß
Heimstätte: Arrowhead Stadium (76.416 Zuschauer)
Starspieler: Travis Kelce (*Tight End*)

Die *Chiefs* liefen erst seit dem Umzug nach Kansas City im Jahr 1963 unter dem heutigen Namen auf. Zuvor wurden sie als *Dallas Texans* in der AFL gegründet.

Bereits 1970 konnte das Team ihren ersten und einzigen Sieg im *Super Bowl* feiern, obwohl sie gegen die *Minnesota Vikings* die Rolle des klaren Underdogs inne hatten. In den letzten drei Jahren konnte sich das Team immer für die Play-offs qualifizieren, doch eine weitere Final-Teilnahme blieb ihnen verwehrt. Prunkstück der Mannschaft ist ganz klar die Offensive, die bereits letzte Saison für reichlich Spektakel sorgte. Können die *Chiefs* endlich auch ihre Defensive stabilisieren, ist eine erneute Play-off-Teilnahme möglich.
Division-Prognose: Platz 2

Oakland Raiders
Gegründet: 1960
Teamfarben: Schwarz, Silber
Heimstätte: Oakland-Alameda County Coliseum (56.057 Zuschauer)
Starspieler: Bruce Irvin (*Linebacker*)

Nachdem die Franchise von 1960-1981 als *Oakland Raiders* auflief, beschloss der Besitzer 1982 den Umzug nach Los Angeles, was eine Namensänderung zu den *Los Angeles Raiders* nach sich zog. Bereits 13 Jahre später kehrten die *Raiders* nach Oakland zurück und erhielten ihre alte Bezeichnung wieder. Insgesamt konnten sie dreimal den *Super Bowl* gewinnen, jedoch liegt ihr letztes Finale, welches sie verloren hatten, bereits 16 Jahre zurück. Nach einer völlig verkorksten letzten Saison sieht es aktuell nicht wirklich besser aus. Einige fragwürdige Personalentscheidungen wie der Trade von Khali Mack, einem der wichtigsten Spieler des Teams, sorgten schon im Vorfeld der Saison für schlechte Stimmung und lassen für den Spielbetrieb nicht Gutes erahnen.

Division-Prognose: Platz 4

Los Angeles Chargers
Gegründet: 1959
Teamfarben: Blau, Gold, Weiß
Heimstätte: StubHub Center (27.000 Zuschauer)
Starspieler: Joey Bosa (*Defensive End*)

Gegründet wurden die *Chargers* bereits 1960 und gehörten damit auch zu einem der Gründungsmitglieder der AFL. Die Mannschaft spielte zwar die erste Saison noch in Los Angeles, zog danach allerdings nach San Diego um und hieß bis 2016 *San Diego Chargers*. Seit der Rückkehr nach Los Angeles im letzten Jahr liefen sie seitdem wieder unter dem Gründungsnamen auf.
Den *Super Bowl* konnten die *Chargers* in ihrer Geschichte lediglich einmal im Jahr 1994 erreichen, dort hatten sie aber gegen die *San Francisco 49ers* das Nachsehen.

Obwohl die Mannschaft letztmalig 2013 die Play-offs erreichte, wird dem Team eine Menge zugetraut. Wird die Mannschaft in dieser Spielzeit ausnahmsweise von schweren Verletzungen verschont, sollte für die Franchise vor allem aufgrund einer sehr starken Defensive die K.o.-Runde erreichbar sein.

Division-Prognose: Platz 1

3.2 National Football Conference

3.2.1 NFC East

Dallas Cowboys
Gegründet: 1960
Teamfarben: Blau, Silber, Weiß
Heimstätte: AT & T Stadium (108.713 Zuschauer)
Starspieler: DeMarcus Lawrence (*Defensive End*)

Mit insgesamt acht Super *Bowl*-Teilnahmen, von denen die *Dallas Cowboys* fünf gewinnen konnten, zählt die Mannschaft zu den erfolgreichsten im American Football. Mit einem Wert von 4,13 Milliarden Euro stellen sie zudem den wertvollsten Sportverein der Welt dar, noch vor den Fußballmächten Manchester

United und Real Madrid. Die siegreichste Zeit der *Cowboys* liegt allerdings schon etwas zurück, da die letzte Finalteilnahme vom Jahr 1995 datiert. In den letzten sieben Jahren erreichte man lediglich zweimal die Play-offs und auch in dieser Spielzeit sieht es für das Team aus Dallas nicht besser aus. Nach dem Umbruch 2016 ist vor allem die Offensive (noch) zu schwach besetzt, um in die K.o.-Runde einzuziehen.

Division-Prognose: Platz 4

New York Giants

Gegründet: 1925

Teamfarben: Blau, Rot, Weiß, Grau

Heimstätte: MetLife Stadium (82.500 Zuschauer)

Starspieler: Eli Manning (*Quarterback*)

Mit einer Investition von nur 500 US-Dollar wurden die *Giants* bereits 1925 von

Tim Mara gegründet. Zu den Anfangszeiten lief das Team noch unter dem Namen *New York Football Giants* auf, um sich vom Baseballteam (*New York Giants*) unterscheiden zu können. Nach dem Umzug des Baseballteams nach San Francisco im Jahr 1957 treten sie bis heute unter dem aktuellen Mannschaftsnamen auf. Mit vier *Super Bowl*-Siegen aus fünf Endspielen – der letzte Erfolg datiert von 2011 – können die *Giants* eine starke Bilanz aufweisen. Nach der Katastrophensaison 2017 mit einer Bilanz von 3-13 ist für das Team Wiedergutmachung angesagt. Da es sowohl Offensiv als auch Defensiv an Qualität im Kader fehlt, werden die Play-Off-Plätze allerdings außer Reichweite sein.

Division-Prognose: Platz 3

Philadelphia Eagles

Gegründet: 1933
Teamfarben: Grün, Weiß, Silber, Schwarz
Heimstätte: Lincoln Financial Field (69.176 Zuschauer)
Starspieler: Carson Wentz (*Quarterback*)

Die *Eagles* konnten sich durch den 41:33 Sieg gegen die *New England Patriots* das erste Mal zum *Super Bowl*-Gewinner küren. Mit dem Erfolg nahmen sie an den *Patriots*, die ihnen bereits 2004 eine Endspiel-Niederlage zugefügt hatten, erfolgreich Rache. Bereits 1980 erreichten die *Eagles* zum ersten Mal den *Super Bowl*, dort zogen sie aber gegen die *Oakland Raiders* den Kürzeren.

Der amtierende NFL-Champion gilt als klarer Favorit in der *East-Division.* Vor allem die Rückkehr von Carson Wentz macht das hochwertig besetzte Team noch gefährlicher, die Titelverteidigung wird

aufgrund der starken Konkurrenz aber ein schwieriges Unterfangen.
Division-Prognose: Platz 1

Washington Redskins
Gegründet: 1932
Teamfarben:
Heimstätte: FedEx Field (91.704)
Starspieler: Trent Williams (*Offensive Tackle*)

Die heutigen *Washington Redskins* entstanden erst 1937, als das Footballteam nach Washington umzog. Zuvor wurden sie 1932 als *Boston Braves* gegründet, wobei nur ein Jahr später der Namc in *Boston Redskins* umgeändert wurde. Die erfolgreichste Zeit der *Redskins* liegt schon einige Jahre zurück, als sie zwischen 1982 und 1991 drei *Super Bowl*-Siege einfuhren und eine der dominantesten Mannschaften der NFL waren. Genau wie in den beiden letzten Jahren wird das Team voraussichtlich auch in dieser Spielzeit die Play-offs verpassen. Gründe hierfür sind zum einen die starke Konkurrenz in der NFC, zum anderen muss der neue *Quarterback* Alex Smith erst beweisen, dass er die *Offense* der Redskins zu Siegen führen kann.

Division-Prognose: Platz 3

3.2.2 NFC North

Chicago Bears
Gegründet: 1920
Teamfarben: Dunkles Marineblau, Orange, Weiß
Heimstätte: Soldier Field (61.500 Zuschauer)
Starspieler: Jordan Howard (*Runningback*)

Nach der Gründung des Teams liefen die heutigen *Chicago Bears* jeweils ein Jahr unter dem Namen *Decatur Staleys* (1920) sowie *Chicago Staleys* (1921) auf. Die erfolgreichste Zeit der *Bears* liegt ebenfalls schon viele Jahre zurück: Von 1932 bis 1946 konnte das Team sechs NFL-Meisterschaften holen und waren somit die beste Mannschaft der 30er & 40er Jahre. Seit der Einführung des *Super Bowls* konnten die *Bears* lediglich einen weiteren Titel holen, nämlich 1986 gegen die *New England Patriots*. Ein weiteres Finale vor zwölf Jahren verloren sie allerdings gegen die *Indianapolis Colts*. Auch wenn ihre letzte Saison mit einer Bilanz von 5-11 endete, haben die Fans aus Chicago Hoffnung auf eine bessere Spielzeit. Zwar wurde mit Head Coach Matt Nagy ein unerfahrener Trainer verpflichtet, jedoch muss sich die starke Defensive der *Bears* vor keinem Team der NFL verstecken.

Division-Prognose: Platz 3

Detroit Lions

Gegründet: 1929

Teamfarben: Blau, Silber, Schwarz, Weiß

Heimstätte: Ford Field (65.000 Zuschauer)

Starspieler: Matthew Stafford (*Quarterback*)

Bevor die *Detroit Lions* unter ihrem heutigen Namen aufliefen, traten sie von 1929-1933 als *Portsmouth Spartans* auf. Da die *Spartans* allerdings aufgrund der Weltwirtschaftskrise vor dem Aus standen, wurde das Team an George A. Richards verkauft und nach Detroit verlegt.
Ein Jahr nach der Umbenennung konnten sie sich sogar einen von vier NFL-Titeln sichern. Allerdings weist die Historie der *Lions* einen großen Makel auf: Noch nie konnte sich die Mannschaft für den *Super Bowl* qualifizieren. Einen weiteren Negativ-Rekord stellte das Team 2008 ein, als sie als erster Verein überhaupt alle 16 Ligaspiele der NFL verloren hatten. Obwohl die *Lions* in der letzten Saison eine positive Bilanz aufweisen konnten, reichte es am Ende nicht für die Play-offs. Auch dieses Jahr wird die Spielzeit für die Mannschaft nach der *Regular Season* beendet sein, da es neben ihrem starken

Quarterback auf den wichtigen Positionen an Qualität fehlt.

Division-Prognose: Platz 4

Green Bay Packers

Gegründet: 1919

Teamfarben: Dunkel-Grün, Gold, Weiß

Heimstätte: Lambeau Field (81.441 Zuschauer)

Starspieler: Aaron Rodgers (*Quarterback*)

Die *Green Bay Packers* sind ein ganz besonderes Team in der NFL. So gehört die Mannschaft als einziges im ganzen US-Profisport nicht einem Eigentümer, sondern über 350.000 Anteilseignern. Zudem spielen die *Packers* seit ihrer Gründung noch am gleichen Ort, was in der NFL einzigartig ist. Faszinierend ist auch die Titelsammlung dieses Teams, denn mit insgesamt 13 Endspielsiegen (neunmal vor dem *Super Bowl*, viermal

Super Bowl) sind sie das erfolgreichste Footballteam in den USA. Sogar die *Super Bowl*-Trophäe ist nach dem früheren *Packers*-Coach Vince Lombardi benannt. Nach einer überraschend schwachen letzten Saison gehört das Team in diesem Jahr zu den Favoriten und sollte mindestens die Play-offs erreichen. Vieles hängt dabei von ihrem wichtigsten Mann Aaron Rodgers ab, der den Großteil der letzten Spielzeit verletzungsbedingt verpasste.

Division-Prognose: Platz 1

Minnesota Vikings

Gegründet: 1960

Teamfarben: Purpur, Gold, Weiß

Heimstätte: U. S. Bank Stadium (66.665 Zuschauer)

Starspieler: Dalvin Cook (*Runningback*)

Die *Minnesota Vikings* standen bereits viermal im NFL-Finale, konnten den *Super Bowl* dabei aber nie gewinnen. Im letzten Jahr verpassten es die *Vikings* durch die Niederlage im *Conference Final* gegen die *Philadelphia Eagles* historisches zu schaffen: Mit einem Sieg wären sie die erste Mannschaft gewesen, die an einem *Super Bowl* im eigenen Stadion teilgenommen hätten. In dieser Spielzeit gehört die Mannschaft aber erneut zu den großen Favoriten. Während man in der Offensive und Defensive die wichtigsten Spieler halten konnte, verstärkten sie sich sogar noch mit dem Defensiv-Spezialisten Sheldon Richardson und dem *Quarterback* Kirk Cousins. Mit diesem Kader sollte für die *Vikings* mehr als nur die Play-offs möglich sein.

Division-Prognose: Platz 1

3.2.3 NFC South

Atlanta Falcons
Gegründet: 1965
Teamfarben: Rot, Schwarz, Weiß
Heimstätte: Mercedes-Benz Stadium (71.000 Zuschauer)
Starspieler: Julio Jones (*Wide Receiver*)

Obwohl die *Falcons* bereits seit 1965 zur NFL gehörten, mussten die Fans 33 Jahre auf den ersten *Super Bowl* warten. Doch genau wie 2016 verloren sie dieses Finale und warten noch immer auf den ersten NFL-Titel. Im Vergleich zur Niederlage 1998 war das Finale vor zwei Jahren aber besonders bitter, da der *Super Bowl* dort zum ersten Mal überhaupt in der *Overtime* entschieden wurde. Trotzdem ist den *Falcons* auch in dieser Spielzeit einiges zuzutrauen. Die meisten Spieler aus dem

Endspieljahr wurden gehalten, wodurch Coach Quinn über eine eingespielte Truppe verfügt.
Division-Prognose: Platz 2

Carolina Panthers
Gegründet: 1993
Teamfarben: Schwarz, Panther Blau, Silber, Weiß
Heimstätte: Bank of America Stadium (75.523 Zuschauer)
Starspieler: Luke Kuechly (*Linebacker*)

Erst im Jahr 1995 kamen die *Panthers* zusammen mit den *Jacksonville Jaguars* in die NFL, konnten aber in dieser „kurzen" Zeit schon einige Erfolge feiern. So stehen neben zahlreichen Play-off-Teilnahmen auch zwei *Super Bowl*-Spiele zu Buche, die allerdings beide verloren gingen. Auch im letzten Jahr schaffte es das Team über die *Regular Season* hinaus, doch in der

ersten K.o.-Runde war bereits Endstation. Da die Mannschaft in Andrew Norwell einen wichtigen Spieler verlor und bereits vor Saisonstart Verletzungspech hatte, werden die *Panthers* in diesem Jahr die Play-offs höchstwahrscheinlich verpassen.
Division-Prognose: Platz 3

New Orleans Saints
Gegründet: 1966
Teamfarben: Schwarz, Gold, Weiß
Heimstätte: Mercedes-Benz Superdome (73.208 Zuschauer)
Starspieler: Drew Bees (*Quarterback*)

Weil das Team am 01.11.1966, also an Allerheiligen (*All Saints Day*) gegründet wurde, bekam das Team den Beinamen *Saints*. Natürlich spielte dabei auch eine große Rolle, dass es sich bei New Orleans um eine sehr religiöse Gemeinde handelt. Aus sportlicher Sicht konnten die *Saints* in ihrer Historie nicht immer glänzen und standen bisher lediglich in einem Finalspiel. Dort konnten sie allerdings 2009 auch ihren ersten und einzigen *Super Bowl* gewinnen. Nachdem man in der letzten Saison bereits die *Divisional Round* erreichte und dort an den favorisierten *Minnesota Vikings* scheiterte, hat die Mannschaft auch in diesem Jahr gute Chancen auf die Play-offs. Ist auf ihre starke *Offense* weiterhin Verlass und kann die *Defense* an letzte Saison anknüpfen, könnte es für die *Saints* eine vielversprechende Spielzeit werden.

Division-Prognose: Platz 1

Tampa Bay Buccaneers

Gegründet: 1974

Teamfarben: Rot, Schwarz, Orange, Weiß

Heimstätte: Raymond James Stadium (65.857 Zuschauer)

Starspieler: Mike Evans (*Wide Receiver*)

Bis auf ihren einzigen *Super Bowl*-Sieg im Jahr 2002 und weiteren neun Play-off-Teilnahmen konnten die *Buccaneers* seit der Gründung 1974 kaum Erfolge erzielen. Besonders in der Anfangszeit blamierte sich die Mannschaft immer wieder und stellte mehrere Negativrekorde ein. So blieben sie beispielsweise von 1980-1995 bei Spielen auf Kunstrasen und unter freiem Himmel 27 Mal ohne Sieg. Mittlerweile wartet man in Tampa nun schon seit über zehn Jahren auf die Play-offs. Allerdings spricht vor allem wegen der starken Konkurrenz in der *NFC South* sowie der eher schwachen Defense wenig dafür, dass sich daran in dieser Saison etwas ändert.

Division-Prognose: Platz 4

3.2.4 NFC West

Arizona Cardinals
Gegründet: 1898
Teamfarben: Kardinalrot, Weiß, Schwarz
Heimstätte: State Farm Stadium (63.400 Zuschauer)
Starspieler: Patrick Peterson (*Cornerback*)

Bereits 1898 als *Morgan Athletic Club* in Chicago gegründet, sind die *Arizona Cardinals* das älteste Football-Team in den USA. Allerdings wechselte der Teamname insgesamt achtmal, bis man seit 1994 unter dem heutigen Titel auftritt. Auch die größten Erfolge der *Cardinals* mit zwei NFL-Titeln in den Jahren 1925 und 1947 liegen bereits weit zurück. Im Jahr 2008 erreichten sie zwar den *Super Bowl XLIII*, zogen dort gegen die *Pittsburgh Steelers* aber den Kürzeren.

Genau wie in den letzten beiden Spielzeiten werden die Play-offs vermutlich auch in diesem Jahr ohne die Mannschaft stattfinden. Aufgrund des großen Kaderumbruchs (neue *Quarterbacks*, neue Coaches) steht der Mannschaft lediglich ein Übergangsjahr bevor.

Division-Prognose: Platz 4

Los Angeles Rams

Gegründet: 1936

Teamfarben: Blau, Gold, Weiß

Heimstätte: Los Angeles Memorial Coliseum (93.607)

Starspieler: Todd Gurley (*Runningback*)

Die *Rams* zählen zu den ältesten Mannschaften der NFL und hatten im Laufe der Jahre einige Standortwechsel zu verzeichnen. Gegründet in Cleveland folgte 1946 der Wechsel nach Los

Angeles, bevor es 49 Jahre später nach St. Louis ging und im Jahr 2016 zurück nach Los Angeles. Den *Super Bowl* konnten die *Rams* bereits einmal gewinnen, verloren allerdings auch schon zwei Endspiele. Nachdem das Team im letzten Jahr erstmalig wieder seit 2004 die Play-offs erreichen konnte, werden sie in dieser Saison zum engsten Favoriten-Kreis auf den Titel gezählt. Die Mannschaft hat keine Schwächen im Kader und sollte mit dem Einzug in die K.o.-Runde keine Probleme haben.
Division-Prognose: Platz 1

San Francisco 49ers
Gegründet: 1944
Teamfarben: Rot, Gold, Schwarz, Weiß
Heimstätte: Levi's Stadium (68.500 Zuschauer)
Starspieler: Jimmy Garoppolo (*Quarterback*)

Mit fünf *Super Bowl*-Siegen gehören die *49ers* zu den erfolgreichsten Teams in der NFL-Geschichte. Da sie allerdings alle Titel innerhalb von 13 Jahren sammelten (1981-1994), warten die Fans nun schon seit einiger Zeit auf den nächsten Triumph. 2012 waren sie beim *Super Bowl XLVII* kurz davor, verloren aber dann gegen die *Baltimore Ravens*.

In dieser Saison könnte das Team aus Santa Clara jedoch zu den Überraschungsmannschaften zählen. Trotz der verpassten Play-offs legte man zum Ende des letzten Jahres einen 5:0 Run hin und machten den Fans damit Hoffnungen auf eine bessere Zukunft. Vieles wird dabei auch von Jimmy Garoppolo abhängen, der als einer der zukünftigen Stars der Liga gehandelt wird.

Division-Prognose: Platz 2

Seattle Seahawks
Gegründet: 1974
Teamfarben: Dunkelmarineblau, Hellgrün, Weiß
Heimstätte: CenturyLink Field (67.000 Zuschauer)
Starspieler: Earl Thomas III (*Safety*)

Da die *Seahawks* in der Vergangenheit sowohl in der NFC als auch in der AFC erfolgreich gespielt haben, sind sie das einzige Team, das in beiden *Conferences* in den jeweiligen Finalspielen stand. Obwohl sie bereits schon dreimal im *Super Bowl* antraten, konnten sie 2013 ihren einzigen Titel durch einen Sieg gegen die *Denver Broncos* feiern. Während man in der letzten Saison die Play-offs mit einer Bilanz von 9:7 nur knapp verpasst hatte, wird die Mannschaft in diesem Jahr nichts mit dem Einzug in die K.o.-Runde zu tun haben. Die *Defense* wird sich nach einigen schwerwiegenden Abgängen erst einspielen müssen, was vermutlich einige Niederlagen zur Folge haben könnte. Auch die starke Konkurrenz in ihrer *Division* sorgt dafür, dass es nicht über die *Regular Season* hinaus gehen wird.

Division-Prognose: Platz 3

Danke

Vielen Dank, dass sie dieses Buch gekauft haben. Ich hoffe es hat Ihnen gefallen und Ihre Erwartungen haben sich erfüllt. Ich wünsche Ihnen weiterhin viel Spaß mit dieser wunderbaren Sportart und natürlich beim Superbowl. Hoffentlich konnten Sie dafür etwas aus diesem Buch für sich mitnehmen. Ich würde mich sehr darüber freuen, wenn Sie dieses Buch weiterempfehlen würden und ein Feedback in Form einer Bewertung da lassen.

Ein besonderer Dank geht an Steffen und Kathrin Willing für Ihren konstruktiven Input für die 2ten Auflage.

Quellen

-de.depositphotos.com
-publicdomainvectors.org

Haftungsausschluss

Der Inhalt dieses Buches wurde mit großer Sorgfalt geprüft und erstellt. Für die Vollständigkeit, Richtigkeit und Aktualität der Inhalte kann jedoch keine Garantie oder Gewähr übernommen werden. Der Inhalt dieses Buches repräsentieren die persönliche Erfahrung und Meinung des Autors und dient nur dem Unterhaltungszweck. Es wird keine juristische Verantwortung oder Haftung für Schäden übernommen, die durch kontraproduktive Ausübung oder durch Fehler des Lesers entstehen. Es kann auch keine Garantie für Erfolg übernommen werden. Der Autor übernimmt daher keine Verantwortung für das Nicht-Erreichen der im Buch beschriebenen Ziele.

Impressum
1. Auflage 2018

Kontakt: Philipp Buhles / Marderbruch 16 / 48565 Steinfurt
Covergestaltung: Pseudonym,
Covertoto: depositphotos.com

Printed in Poland
by Amazon Fulfillment
Poland Sp. z o.o., Wrocław

51742530R00047